PAROLES

PRONONCÉES

PAR SA GRANDEUR MONSEIGNEUR SOURRIEU

ÉVÊQUE DE CHALONS

AU MARIAGE

DE MLLE EUGÉNIE MALVAL

ET DE M. LOUIS PISSAVY-YVERNAULT

---

22 JANVIER 1890

CHALONS-SUR-MARNE

IMPRIMERIE MARTIN FRÈRES, PLACE DU MARCHÉ-AU-BLÉ, 50.

1890

PAROLES

PRONONCÉES

PAR SA GRANDEUR MONSEIGNEUR SOURRIEU

ÉVÊQUE DE CHALONS

AU MARIAGE

DE MLLE Eugénie MALVAL

ET DE M. Louis PISSAVY-YVERNAULT

---

22 JANVIER 1890

CHALONS-SUR-MARNE

IMPRIMERIE MARTIN FRÈRES, PLACE DU MARCHÉ-AU-BLÉ, 50.

1890

PAROLES

PRONONCÉES

PAR SA GRANDEUR MONSEIGNEUR SOURRIEU

ÉVÊQUE DE CHALONS

AU MARIAGE

DE Mlle EUGÉNIE MALVAL
ET DE M. LOUIS PISSAVY-YVERNAULT

MES CHERS FIANCÉS,

Dieu, qui a fait du mariage la condition générale des hommes, daigne, dans sa bonté, les y préparer de bonne heure en les plaçant à la meilleure des écoles ; cette école n'est autre que la vie domestique elle-même, mais telle que l'Evangile l'a conçue et qu'elle a fleuri dans l'histoire.

Si vous êtes déjà ornés l'un et l'autre des qualités conformes à cette vocation, il ne faut pas l'attribuer à un autre principe : la vie de famille a été votre noviciat.

C'est bien là, Mademoiselle, que vous avez trouvé ce type de la maîtresse de maison, dont la Bible nous a tant de fois esquissé la peinture. Il vous a suffi d'ouvrir les yeux pour voir autour de vous toutes choses se dérouler au jour le jour, dans l'ordre et la paix, par le seul effet de la vertu et des tranquilles vigilances, la dignité cordiale tenant lieu d'autorité et de rigueur, comme les méthodes réputées nécessaires s'avouaient inutiles, là où suffisaient les belles inclinations.

Vous avez vu comment chacun se plaît dans ce royaume intime, dont l'amour réciproque fait une sorte de cloître volontaire : nul n'en sort qu'à regret, nul n'y rentre qu'avec joie.

Vous avez pu voir comment, dans ce doux et pur abrégé du monde, la maîtresse de maison est, selon l'image des Saints Livres, pareille à l'astre du jour, parce qu'elle y répand, à son exemple, la lumière et la vie.

La vue de votre foyer vous a appris combien il importe que l'unité de foi serve de fondement à l'unité de vie. Si ailleurs l'un contredit les croyances que l'autre affirme, près de vous, le concert ne fut jamais troublé. Vous avez entendu l'hymne de la foi toujours murmuré à deux voix : la note intime et suave de la femme n'avait qu'à tomber de ses lèvres, aussitôt son expression pathétique était achevée par la note plus grave et plus puissante de l'homme.

Vous avez vu, dans la personne de votre père, le gouvernement de la vie orienté sur la loi divine, soit pour les actes de la vie privée, soit pour les travaux de la profession sociale, soit pour les œuvres de charité. Quand, le soir, il rentrait chez lui, accompagné par le murmure flatteur de la reconnaissance populaire ; quand il était assis au milieu des siens, et qu'autour de sa tête semblait flotter une auréole formée par les œuvres d'une journée bien remplie, vous compreniez l'idéal d'un chef de maison tel que la jeune fille doit le rechercher dans les temps présents.

Mais avec ces qualités profondes, peut-être un peu sévères, il est permis de désirer celles qui tiennent au charme de la jeunesse, c'est-à-dire une âme sensible aux harmonies de la nature, comme aux enthousiames de la foi. Pour vous prouver que le jeune homme chrétien, en priant avec sa femme, aux pieds du même Crucifix, peut unir les rêves de bonheur avec les rêves de sacrifice, ces choses ont pris corps dans votre foyer, où votre frère vous a fait entrevoir la double poésie que le mariage peut concilier quand il est judicieusement engagé : la poésie de la terre et la poésie du ciel.

Vous y avez même fait l'apprentissage de la maternité. Combien de fois, penchée sur votre plus jeune frère, n'avez-vous pas trouvé l'équivalent de l'autorité maternelle dans l'exercice de la tendresse fraternelle ; vous donniez de l'attrait au travail par votre vif entrain ; vous faisiez aimer le sacrifice en désignant le Crucifix ; vous persuadiez la persévérance de l'effort par celle de votre bonne grâce.

C'est ainsi que la vie de famille vous a enseigné tout ce qui convient à l'épouse dans le saint état du mariage.

Pendant que s'opérait votre tranquille préparation, loin d'ici un jeune chrétien opérait la sienne à la même école.

Je ne vous demande pas, Monsieur, comment, à l'âge des volontés flottantes, vous étiez déjà un homme affermi : ma question porterait avec elle sa réponse.

Comme vous fûtes, dès vos premiers ans, le disciple affectueux et soumis du foyer domestique, vous ne pouviez manquer d'y contracter rapidement les qualités qui portent le disciple à la hauteur des maîtres.

A son premier éveil, votre faculté d'observation rencontra le tableau de la plus touchante fidélité. En apparence, votre père figurait parmi les vivants ; en réalité, il était enseveli dans un tombeau : celui de votre mère. Il était là depuis les jours qui suivirent de près votre naissance. A peine avait-il eu le temps d'admirer, dans un éclair de bonheur, sa grâce attrayante et simple, sa raison judicieuse, sa piété, sa bonté pour les pauvres, que cette vision suave était déjà évanouie. Cependant, à l'aide d'un recueillement habituel, la vision fut immobilisée : elle prit le caractère d'une présence presque réelle.

Vous n'aviez garde de vous dérober à l'imitation de ce culte. Et c'est ainsi que votre mère, morte sitôt que votre berceau sembla devenu son cercueil, au lieu d'être pour vous une inconnue, ne fut pas même une absente : aucune société ne vous fut plus familière que la sienne.

A un autre point de vue, la cohabitation de votre père vous prépara à la principale fonction du mariage. Si Dieu daigne vous accorder un jour l'honneur et la joie de la paternité, pour en remplir les devoirs, vous n'aurez qu'à vous souvenir. Vous remonterez à votre enfance ; vous y verrez le tête à tête d'un solitaire avec un enfant : le solitaire, c'était lui ; l'enfant, c'était vous. Dans ce tête à tête, il creusait votre cœur, il y faisait un sillon, il y semait l'Evangile.

L'âme d'un enfant est une page blanche où il faut écrire la parole de Dieu, afin que, dans toutes les conjonctures de sa destinée, il trouve en soi-même le livre de la loi divine. Votre père le fit, il composa ce livre intérieur que vous connaissez bien, qui, sous le nom de conscience, vous a enseigné tous les nobles et grands devoirs.

Il fit mieux. Il savait par expérience qu'on ne peut être pleinement indépendant des passions, qu'en se jetant dans les hauteurs ; que, pour échapper aux tentations humiliantes, il faut s'élever ; et qu'ainsi, dans l'économie de la vie morale, l'élévation est une chose, non pas de luxe et de superflu, mais de première nécessité ; que, pour ce motif, il faut que l'âme ait des ailes. Aussi, votre père attacha-t-il deux ailes à la vôtre : celle de l'honneur et celle de la piété.

La vie de famille vous apprenait ce que vous devriez être le jour où vous seriez chef de maison ; elle vous apprenait aussi les qualités qui conviendraient à la compagne de votre vie. Vous avez vécu à l'ombre de votre grand'mère ; sans doute elle était séparée de votre âge par la distance de deux générations : mais sa bonté était si chaude, sa parole si enjouée, sa constance si flexible, sa vigilance si confiante : c'était, dans un corps de grand'mère, un cœur si riant de jeune mère, qu'aujourd'hui même, il vous est difficile de souhaiter, dans l'épouse que Dieu va vous donner, un attachement de qualité plus exquise.

J'ai dit, mes chers Fiancés, comment vous étiez préparés l'un et l'autre aux vertus de l'état que vous embrassez aujourd'hui. Vous allez vous séparer des foyers où votre préparation s'est accomplie : vous ressemblez aux fruits mûrs que la maturité même fait tomber de l'arbre. Si l'arbre pouvait parler quand il voit tomber son fruit, il se plaindrait, parce qu'il se dépouille. Je ne veux pas rappeler ici quel arbre se dépouille : la famille qui m'entend n'a pas l'habitude de garder ses trésors, elle sait que la Providence les lui prête pour lui ménager la gloire de les donner.

Vous allez partir d'ici, que Dieu vous

accompagne ; que votre foyer soit pour vous un asile propre à conserver la fraîcheur de vos âmes, qu'il soit pour la société un tableau exemplaire emprunté à la galerie des siècles primitifs, qu'il soit pour la religion une succursale du temple.

Votre grand-père, Monsieur, a, dit-on, fondé des églises : la maison que vous fondez vous-même aujourd'hui diffère peu d'une église. Que cette ressemblance entre l'aïeul et son petit-fils soit un présage.

Le jour où Monsieur Yvernault mourut, le célèbre évêque de Nîmes, Monseigneur Plantier, osa féliciter sa veuve d'avoir donné au ciel un prédestiné. Dans un autre sens, j'éprouve une égale sécurité, et je félicite les deux familles d'avoir formé deux âmes prédestinées à s'unir pour la gloire de Dieu, pour l'édification des hommes et pour leur propre bonheur.

Châlons. imp. Martin frères.